HISPANA WOW

No somos perfectas, pero Dios nos hizo
únicas y especiales.

HISPANA WOW

Introducción

Son tantas las mujeres con las que me he topado en la vida, que algo tenía que hacer para honrar el valor que caracteriza a cada una. He visto a la justa, a la persistente, a la empática, a la valiente y a la empoderada, por decir algunas. Todas con un atributo (o más) característico y distintivo.

Me sorprendo y exclamo ¡Wow, qué mujer! Así que me fui al acróstico de wow y, más allá de la maravilla que implica la expresión, le di significado. *Woman of worth* es en español, mujer de valor. Como tú y como yo.

Quise recopilar la descripción de 51 atributos que definen a la Hispana WOW. Características positivas e inspiradoras, las cuales sin duda nos hacen una mejor sociedad. Esas que en ocasiones no nos percatamos que tenemos, pero que sí implementamos.

Estoy segura de que posees varios, unos más desarrollados que otros. Unos innatos, otros en proceso de afianzamiento. Atributos que te convierten en una mujer valiosa para tu entorno familiar, laboral y social en general.

Mi deseo es que sigamos creciendo. Por eso, muy seguramente, Dios sembró en mi corazón la idea de publicar esta guía, que no pretende más que afianzar eso que ya tienes o aspiras alcanzar. Está escrita en palabras sencillas, para una lectura dinámica y transmisible.

¡Wow! Qué grandes somos. Estamos hechas para mucho más...

Con cariño y admiración,

Marcela

1

Afectuosa

Demuestra amabilidad a los demás de forma física

Le gusta abrazar, besar, hacer cariño, tocar, dedicar tiempo en una llamada, mimar, dar sorpresas y compartir alegría. La mujer afectuosa demuestra sus sentimientos de forma sensorial.

Ofrece desde un apretón de manos, empleando la palma y todos los dedos, hasta un cálido abrazo que arropa el alma de la otra persona.

No teme ser rechazada y tampoco le da miedo expresar lo que siente. De hecho, lo usa como forma de acercamiento y derriba barreras mentales que separan a las personas.

Además del afecto físico, emplea el verbal al natural. Dice frases como “te quiero”, “estar contigo me hace bien”, “vamos a acurrucarnos”, “pienso en ti”, “te extraño”, entre otras, sin pena ni tapujos. Ser afectuosa se enseña desde pequeños y se perfecciona con la práctica.

Cinco recomendaciones para mejorar tu afectividad

1. Acércate más a las personas sin invadir su espacio privado.
2. Sé consciente de los beneficios que trae esta conducta a tu vida: serás más feliz y estarás menos estresada.
3. Enseña a los niños a expresar sus sentimientos de amor.
4. Cultiva el buen trato y sumarás nuevas amistades.
5. Convierte tu vida cotidiana en un modelo sano de relacionarte con los demás.

2

AMABLE

VE EL MUNDO DESDE UNA PERSPECTIVA AMABLE Y NO TOLERA LA CRUELDAD NI LA MEZQUINDAD

Se comporta con buenos modales y afecto hacia toda persona, sin distinguir si le conoce o no. La caracteriza el trato agradable sin importar la condición social, religión o raza, además de saber el potencial de empatía que tienen sus gestos, sonrisas y miradas, más que las palabras.

La amabilidad implica tratar bien a los demás, tenerles paciencia, escuchar sus planteamientos y no terminarles la frase. Permitir la participación.

Este atributo es un rasgo maravilloso de la personalidad de la mujer valiosa, ya que a lo largo de su vida sumará personas, experiencias y buenos objetivos alcanzados.

Es la muestra de haber recibido una buena educación en casa, de poseer valores de buen trato humano. Estrecha vínculos de amistad profunda y sincera, ya que siempre se espera lo mejor de los demás sin desconfiar.

Cinco sencillas maneras de ser más amable

1. Gasta un poco de tu dinero en los demás. Invita un café, haz una obra de caridad, ayuda a alguien con un apuro financiero.
2. Usa las palabras que abren más puertas que las llaves: por favor, gracias, pase adelante, buenos días, a la orden, buen provecho.
3. Busca lo mejor de las personas.
4. Dedica tiempo de calidad y sin interrupciones.
5. Reconoce y elogia los logros de otro.

3

AMBICIOSA

Tiene una personalidad que gira en torno a sus objetivos y a mejorar su situación

Pretende conseguir aquello que aún no tiene siguiendo valores de honestidad, trabajo y templanza. De acuerdo con el uso positivo de este atributo, una mujer ambiciosa es la que persigue superarse personal, económica y laboralmente, sin atropellar a nadie, sino usándose a sí misma como un factor de superación de metas.

Es aquella que empuja con fuerza hacia las mejoras en su puesto de trabajo, sabiendo que se generará un impacto positivo para sí misma y para los demás. Usa confiadamente sus fortalezas y demás virtudes para destacar, segura que habrá un beneficio a corto plazo.

La mujer ambiciosa apuesta por la autocrítica y no por la autocompasión, motiva a sus compañeros y no les teme a los riesgos.

Considera estos cinco aspectos para ser más ambiciosa

1. Plasma en una hoja (física o digital), aquellos deseos que habitan en tu corazón.
2. Compite contra ti misma y supérate cada día.
3. Rodéate de personas que te apoyen y hagan subir de nivel.
4. Evita acomodarte en una zona de control.
5. Dile adiós al temor de tener más.

4

AMIGABLE

ES AMABLE Y SE PREOCUPA GENUINAMENTE POR LAS NECESIDADES DE LOS DEMÁS

Muestra interés genuino por las necesidades de otras personas, sin importar que éstas no sean de su círculo social más cercano. La mujer amigable ofrece su empatía, ayuda y comprensión sin esperar nada a cambio; entrega sus manos desinteresadamente y con nobleza de corazón.

Evita a toda costa caer en la desconsideración o falta de respeto. Más bien es amable, paciente y cercana; es decir, se conecta con el sentir de quien le busca.

Se libera de prejuicios, estigmas sociales y habladurías, y se inclina por la sinceridad de relaciones similares a la de los niños. Eso sí, cuando aparece alguna discordia, procura la reconciliación.

Sé más amigable con estos cinco consejos

1. Pronuncia el nombre de la persona con la que hablas. Es el sonido más dulce a sus oídos.
2. Demuestra sincero interés por el problema o planteamiento del otro. Aunque no sepas dar un consejo, tal vez sea de ayuda escuchar.
3. Orienta las conversaciones hacia el interés de los demás. Evita que todo gire en torno a ti.
4. Olvida por un rato los dispositivos electrónicos y presta atención a la importancia del contacto humano.
5. Pide perdón si lo amerita el caso. Reconocer que te has equivocado te hará más cercana a quienes te rodean.

5

ASERTIVA

Tiene claro lo que quiere sin ser agresiva

Es capaz de expresar lo que siente y lo que piensa con un lenguaje entendible, agradable y sin herir susceptibilidades. Tiene la habilidad de aportar soluciones y buenas ideas con los que expresa, es esa mujer que "da en el clavo".

Es oportuna, respetuosa y observadora, ya que detecta el momento justo para decir lo que opina sobre determinada situación, sin restar méritos al punto de vista de la otra persona. Así que, no confronta; más bien concilia.

Por lo general, la mujer asertiva acierta con lo que dice. Es positiva, resolutiva, contributiva y, en general, colaboradora sin ser invasiva.

Cinco formas de pulir tu asertividad

1. Expresa tus sentimientos de agrado sin opacar a nadie.
2. Manifiesta tu enojo o disgusto sin herir a la otra persona.
3. Despídete de los complejos de reconocer atributos de otros.
4. Valida las emociones de los demás haciéndote parte y poniéndote en su lugar.
5. Mantén una escucha activa. No te distraigas.

6

ASTUTA

Toma decisiones prácticas basadas en sus necesidades, pero no da más de lo que cree necesario

Tiene la habilidad para detectar engaños rápidamente e incluso maquinarlos si no son buenas sus intenciones. La mujer astuta es aquella que toma decisiones prácticas basadas en sus necesidades, con la agilidad mental de siempre ir un paso delante de los acontecimientos.

Puede anticipar lo que otros piensan y detectar oportunidades en el aire para tomarlas a su beneficio. Es inteligente, sagaz y rápida. Incluso, recurre a métodos poco convencionales para alcanzar sus objetivos.

Está al tanto de todo lo que sucede en su ambiente y, así como los gatos, ir tras su presa. Este atributo no se consigue en las aulas de una universidad, es más una condición innata que se desarrolla con el tiempo y mediante el autoconocimiento.

Desarrolla la astucia a tu favor sin perjudicar a nadie

1. Mantén el autocontrol de tus emociones. Revelar que algo te enoja o te emociona demasiado, puede arruinar tus planes.
2. Usar el ingenio no es lo mismo que emplear el engaño. Cuidado con caer en tu propia trampa.
3. Manejar suficiente información sobre lo que deseas te dará ventaja a la hora de persuadir al otro. Por ejemplo, al momento de querer vender.
4. Nunca asumas la verdad a menos que sea comprobada.
5. Presta atención a los pequeños detalles; en ellos se encierran grandes sorpresas.

7

ATLÉTICA

Puede moverse rápidamente y responder con fuerza física

Ágil, resistente y flexible. Así es la mujer de buenas condiciones físicas, cuya capacidad de respuesta es rápida y efectiva si es requerida para movimientos del cuerpo. Posee expansión pulmonar para resistir el ejercicio y se muestra cómoda con retos en una cancha de juego.

Demuestra estar sana y estar en armonía con el trabajo intelectual, ya que segrega sustancias químicas a la sangre que favorecen la creatividad y el buen ánimo.

Ser una mujer atlética puede implicar que está inmersa en una disciplina deportiva o que simplemente lo practica por afición. Le gusta estar en buena forma y registrar avances en el rendimiento y tonificación muscular.

Gánale a la pereza y haz ejercicios en cinco pasos

1. Si tienes espíritu competitivo, escoge algún deporte que te guste. La emoción de ganar un punto te mantendrá alerta y motivada.
2. Observa videos de atletas de alto rendimiento, que practican la disciplina que te gusta.
3. Gánale a las trampas de la mente y afirma un gran 'sí puedo'.
4. Establece una hora del día que sea cómoda para practicar ejercicios.
5. Prémiate una vez a la semana con un pequeño estímulo por el esfuerzo realizado.

8

AUTÉNTICA

Se acepta y es coherente entre lo que siente, piensa y hace

Conoce bastante bien la diferencia entre la verdadera virtud y la apariencia de la virtud. Es quien se sabe segura de sí misma y es incapaz de fingir parecer algo solo por estrategia de marketing personal. La mujer auténtica es honesta, íntegra y también única.

Actúa por convicción propia y no por conveniencia, ni por encajar en grupos sociales, capaz de defender su postura, valores y visión de la vida, así no encaje al dedillo con la opinión general de quienes se encuentran a su alrededor.

La hispana auténtica muestra sus emociones abiertamente: si se siente emocionada, asustada, nerviosa o preocupada, no teme manifestarlo. Lo mismo con sus opiniones; si algo le parece bueno, lo reconoce, lanza elogios y piropos sin temor a ser tildada de aduladora. Habla sin rodeos, con amabilidad, pero sin medias tintas.

Desarrolla tu autenticidad en cinco pasos:

1. Demuestra siempre transparencia ante los demás.
2. Acepta que otros son vulnerables y sensibles, tanto o más que tú
3. No temas al ridículo. ¡Ríete de ti misma!
4. Cumple tus propias expectativas.
5. Toma decisiones atendiendo tus propias convicciones.

9

AVENTURERA

ESTÁ DISPUESTA A PROBAR NUEVAS EXPERIENCIAS Y A VIVIR LA VIDA AL MÁXIMO

Disfruta todo lo que es nuevo, sensorial, divertido y que le permita experimentar emociones que le lleven a su máximo nivel. Es osada y exploradora. Se apasiona por conocer cosas diferentes y enfrenta la vida como si se tratara de ir con la cabeza afuera de la ventana del carro, con los ojos cerrados para sentir la brisa.

No se conforma con que se lo cuenten, sino que procura vivir la vida en primera persona. Su alma es libre y salta de roca en roca con el mínimo miedo de caerse. Es su estilo de vida.

Difícilmente se acostumbra a una rutina, ya que le aburre la monotonía. En lugar de ello, se abre a nuevos planes, paseos, trabajos y personas. La mujer aventurera tiene una personalidad muy singular; es activa, dinámica, irreverente y hasta algo alocada.

Cinco aspectos que enriquecerán tu espíritu aventurero

1. ¡Viaja! Disponte a conocer nuevos paisajes sean tomando carretera o un avión.
2. Observa y descubre en las pequeñas cosas, grandes hallazgos.
3. Cultiva tu espíritu joven y encuentra renovarte en cada nueva experiencia vivida.
4. No dejes sueños sin cumplir. Ve siempre más allá de lo que obtengas.
5. Sal de la zona de confort. Causa estupor estar acomodada mucho tiempo en un mismo lugar.

10

BENÉVOLA

TOMA DECISIONES QUE BENEFICIAN A LOS DEMÁS MÁS QUE A ELLA MISMA

Es indulgente con los demás y se muestra tolerante incluso, por encima de sus propios intereses. La benevolencia significa aplicar el sentido de buena persona, aunque el otro haya actuado de forma errada.

Una mujer benévola es, en el sentido amplio de la palabra, buena. Desea siempre hacer el bien y se conduce con justicia. Es comprensiva y posee la paciencia para detenerse a analizar cómo responder de la mejor manera.

Muestra una personalidad atractiva ya que su moldeable rigidez le hace empática ante las faltas de otros. Se gana el aprecio y cariño con facilidad, así como el respeto y la consideración.

Cinco consejos para desarrollar la benevolencia

1. Detecta primero en ti los aspectos de bondad, y luego búscalos en el otro.
2. Mira con ojos de buena persona a quienes, por ejemplo, lleguen tarde.
3. Valora el esfuerzo y las ganas de aquellos que desean hacer el bien.
4. Mantén buenos pensamientos en tu mente, aunque enfrentes situaciones difíciles.
5. Demuestra intenciones positivas en tus áreas de acción: familia, trabajo, amigos.

11

CAPAZ

APLICA SUS HABILIDADES A LA TAREA QUE TIENE ENTRE MANOS Y NUNCA REHÚYE A UNA PETICIÓN MÁS DESAFIANTE

Dispone de facultades especiales para desarrollar con éxito una asignación o trabajo. Es posible que haya nacido con dichas habilidades o que las haya perfeccionado mediante la investigación y estudio. Lo importante, es que demuestra tenerlas cuando es necesario.

Ser capaz significa estar capacitada. Cuenta con las habilidades requeridas para desempeñar un cargo o confiarle tareas. Es digna de confianza porque se sabe hará bien lo que se le encomiende.

En función de sus capacidades, esta mujer podrá obtener ascensos, ganar méritos y recibir reconocimientos. Se puede entrenar a la mente repitiendo la siguiente afirmación: Soy una persona capaz, eficiente y organizada. Tengo cualidades para hacer bien el trabajo.

Siéntete siempre una mujer capaz de intentarlo

1. Fortalece tus áreas de dominio. Si conoces de jardinería, investiga, inscríbete en algún curso y atrévete a ofrecer asesorías o trabajos.
2. Prueba cosas nuevas. En ocasiones no sabemos de qué somos capaces hasta que lo intentamos.
3. Aprovecha el tiempo convirtiendo tus debilidades en oportunidades. Evita distraerte en lo que sabes no eres buena.
4. Dile adiós al miedo del "qué dirán". Mantén tu vista enfocada hacia el objetivo.
5. Inténtalo una vez más hasta que lo bueno sea excelente.

12

CAUTIVADORA

Es muy agradable, no puedes dejar de mirarla

Es tan agradable su presencia, su sola existencia, que las personas desean estar cerca de ella. Es como un dulce de media tarde, un café recién colado a primera hora del día o toalla tibia luego de la piscina. La mujer cautivadora es esa que produce felicidad en su entorno inmediato.

Sus atributos se conjugan para transmitir sensaciones agradables, bien sea por su apariencia física, su forma de vestir, su tono de voz al hablar y hasta por la inteligencia que deja salir cuando comparte sobre algún tema en particular.

Es valorada de forma sincera por expresar sus emociones, ya que no tiene reparos ni complejos en reconocer que se ha equivocado o que alguien es mejor que ella. Por último, pero no menos importante, la mujer cautivadora sonríe pues sabe que con abrir la ventana del alma gana más que con el ceño fruncido.

Conviértete en una mujer cautivadora con estas cinco acciones

1. Mira a los ojos durante una conversación e imita los gestos de quien te habla.
2. Transmite emociones a través del tacto. Un apretón de manos, una palmada en el hombro o un efusivo abrazo dicen más que muchas palabras.
3. Tienes dos oídos y una boca para hablar menos y escuchar más.
4. Pregunta sin miedo ni pena sobre algo que no conoces.
5. Recuerda el nombre de personas tanto importantes como menos relevantes.

13

COMPASIVA

PERDONA CON FACILIDAD Y NO BUSCA LA VENGANZA CUANDO TIENE EL PODER DE HACERLO

Se conduele del dolor ajeno, busca comprenderlo y colaborar con su alivio. Es propio de una persona con gran sensibilidad humana que muestra continuo interés por quienes le rodean. Se puede, incluso, llegar a sentir el dolor del otro cuando es mucha la empatía.

La mujer compasiva mira hacia el exterior y no se concentra únicamente en sus propios intereses.

Es capaz de salirse de sus planes para hacerse parte del sufrimiento de otros, lo cual le hace valiosa y la convierte en buena persona.

La compasión es una virtud que se cultiva cada día en la medida que se deja a un lado la indiferencia y el desinterés por el prójimo. Significa tener consideración por las miserias del corazón del otro. Tratar con piedad y sin juzgar.

Cinco formas de cultivar la compasión

1. Enfócate en escuchar el sufrimiento del otro y tratar de aliviarlo.
2. Evita pensar en el dinero y en lo que puedes ganar o perder frente a los problemas de otros.
3. No intentes cambiar a nadie y no le juzgues por lo que padece.
4. Ponte del lado del que sufre. Todos los sentimientos son legítimos.
5. Encuentra cosas positivas que tengan en común y compártelas para mejorar la circunstancia del otro.

14

CONFIABLE

NO TRAICIONA LA CONFIANZA DE LOS DEMÁS Y SIEMPRE HACE LO QUE DICE QUE VA A HACER

Sabe que parte de su esencia como buena persona está en ser confiable, es decir, poder brindar lealtad a quien se le acerca con un propósito de amistad, trabajo u otra necesidad. Es incapaz de traicionar a nadie, ya que sus convicciones van más allá del dinero, las conveniencias o el mejor postor.

Brinda seguridad de guardar a buen resguardo información valiosa. También es sinónimo de tranquilidad para quienes le rodean, ya que se puede contar con ella sin mayor margen de falla o error.

La hispana confiable es cercana y familiar. No cae en juicios, más bien es coherente entre lo que dice y hace; lo que dice lo cumple.

Para despertar la confianza en los demás, sigue los siguientes consejos

1. Mira directo a los ojos cuando hables con alguien.
2. No hagas alarde de lo que tienes o de lo que eres.
3. Demuestra imparcialidad ante una situación; mira con objetividad antes de emitir una opinión.
4. Guarda bien la información que te ha sido compartida con carácter de exclusividad.
5. Sé coherente entre lo que digas y lo que hagas.

15

CREATIVA

SE LE OCURREN IDEAS QUE OTROS NO HAN CONSIDERADO ANTES

Parece una máquina de ideas, siempre alerta, siempre pendiente. La mujer creativa va bien despierta por la vida, procesando estímulos y creando nuevas formas de hacer las cosas, ya que no se conforma con la rutina.

Tiene un cerebro siempre activo, es sensible y diferente al común de las personas, no por su apariencia, sino por su manera de percibir la vida. Produce ideas originales, sorprendentes y que además suponen un aporte positivo para los demás.

Le gusta ser influencia sobre los demás y lograr implementar sus ideas. Sin embargo, podría caer en la poca sociabilización al estar permanentemente en una burbuja entre la ficción y la realidad.

Fomenta tu creatividad con cinco consejos

1. Evita las críticas. Tanto para ti misma, como hacia los demás. Todas las ideas son válidas, solo hay que saber canalizarlas.
2. Permítele a tu cerebro jugar y experimentar sin miedo. Sácalo de las casillas donde muchas veces permanece encerrado.
3. Deja a un lado el miedo de equivocarte. Lo peor que podría pasar es volver a comenzar.
4. Cierra los ojos e imagina cómo harías aquello que debes hacer.
5. No caigas en la trampa del camino fácil. Estimula a tu mente a pensar más allá de lo aparente.

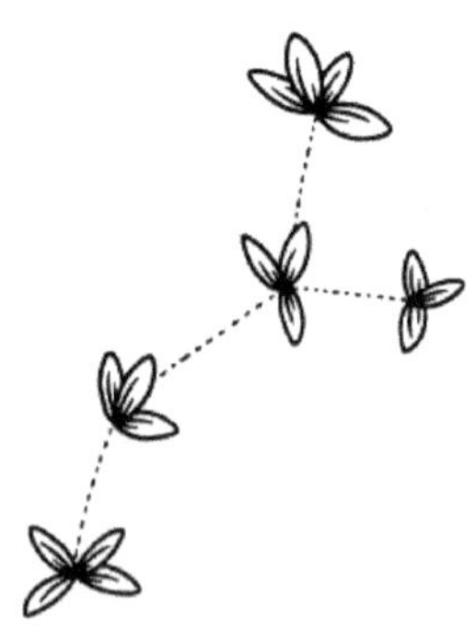

16

CURIOSA

Tiene una mente abierta, que le encanta aprender cómo funcionan las cosas a su alrededor

Su mente permanece abierta a nuevos conocimientos y experiencias y, si no llegan, los busca. Mantenerse a la expectativa le emociona, hurgar en libros, sitios en internet, manuales de instrucciones y en general en rincones de la vida, es su pasión y placer.

Si no sabe cómo hacer algo, lo investiga. Lo intenta hasta lograrlo luego de hacerse de nuevos métodos. No teme quedar como tonta si hace demasiadas preguntas, ya que su idea trasciende al momento que vive, viendo siempre al futuro.

Es capaz de encontrar hallazgos que otras ni cerca mirarían, lo cual la pone en posición de ventaja. Dedica tiempo a lo importante, a lo que sabe la hará crecer y conocer mejores trucos y estrategias.

Afina tu curiosidad con cinco trucos

1. Aunque consigas la respuesta, no dejes de investigar.
2. No hay preguntas tontas, sino tontas que no preguntan.
3. Adáptate a los cambios. Si un camino no funciona, puede haber otro mejor.
4. Si te equivocas, sigue adelante. Que nada te desanime.
5. Vive el momento presente. ¡No te aburras por nada!

17

DECISIVA

Se compromete a tomar una decisión después de sopesar adecuadamente las consecuencias

Se asegura de tomar la decisión más conveniente, tomándose el tiempo necesario para evaluar los pro y contras de sus posibilidades. Se visualiza en todas las opciones y, aunque escucha su intuición, reflexiona acerca de las consecuencias que traerá tomar determinado camino.

Sabe que para tomar decisiones no puede pasar mucho tiempo, así que establece un lapso específico y entrena a su cerebro para responder rápidamente a los estímulos que exigen respuesta.

La mujer decisiva, se compromete consigo misma a equilibrar el peso emocional y racional de sus acciones, ya que está consciente de que todo cuanto decida tendrá impacto en su entorno más próximo e inmediato. Además, no le teme a equivocarse. Se atreve y sigue adelante.

Toma mejores decisiones con estas cinco recomendaciones

1. Evalúa las opciones y escoge por ti misma. No le des tanto peso a opiniones externas.
2. Identifica el momento exacto. Precipitarse es tan malo como anticiparse.
3. Debes estar clara que hacer o dejar de hacer, son acciones que impactan tu proyecto.
4. Evita el miedo excesivo al riesgo. Usa la adrenalina a tu favor.
5. Tómate el tiempo que consideres necesario, pero no lo dejes para después.

18

DEDICADA

Desempeña con muchísimo amor y esmero cualquier tarea, trabajo o actividad

Se esmera en invertir el tiempo que sea necesario para lograr completar una tarea de forma exitosa. Imprime amor, paciencia, conocimiento y técnica en lo que hace y lo procura, además, con buen ánimo.

Es reconocida por la actitud con la que enfrenta sus desafíos, porque no se apura en terminar para irse, sino que está disponible hasta terminar. Es meticulosa, detallista y presente. Se hace sentir, sin distraerse.

Imprime esfuerzo en cada área de su vida y la palabra perseverancia va incluida en la definición, ya que no desmaya hasta conseguir firmemente lo que se ha propuesto.

Dedícate a lo tuyo con amor y paciencia

1. Cuando descubras lo que te hace feliz, desarróllalo, afínalo, hazte experta. La recompensa del dinero vendrá por añadidura.
2. El tiempo es también algo que se dedica. Compártelo con las personas que te hacen crecer en amor, experiencia y en conocimientos.
3. Evita distracciones. Invoca la concentración. Lo que haces te saldrá más que mejor.
4. Dedica minutos al día para desarrollar actividades puntuales como orar, ordenar, cuidar tu piel, ejercitarte, entre otras.
5. Tu ejemplo servirá para estimular una conducta dedicada para quienes viven a tu alrededor.

19

DILIGENTE

TRABAJA ARDUAMENTE PARA ALCANZAR UNA META SIN DARSE POR VENCIDA

Encara con energía las diferentes situaciones de la vida que necesiten de su presencia e intervención. No pierde tiempo, no interpone excusas y actúa con rapidez. La búsqueda de soluciones a problemas son su motivación, y si bien no lo consigue en el primer intento, vuelve a comenzar.

La Real Academia Española lo define como el cuidado en la realización de una cosa. Prontitud, agilidad y prisa. Y más allá de eso, está implícita la responsabilidad y la confianza, ya que de la mujer diligente se sabe estará presta a cumplir rápidamente lo que se le solicita.

La diligencia es la virtud que echa por tierra la pereza. Poseer este atributo, es también sinónimo de hacer las cosas con amor, sabiendo además que el término viene del verbo en latín "diligere" que significa amar. Es agilidad de actitud y ánimo.

Para afinar tu diligencia, sigue los siguientes consejos

1. Demuestra interés por resolver alguna situación por la cual nadie se ha ofrecido.
2. Llega a tiempo a tu trabajo no solo por el sueldo que te pagan.
3. Mantén una sonrisa durante los días pesados y menos motivantes.
4. Ayuda en lo que sea necesario.
5. Haz las cosas con prontitud sin hacer esperar a nadie.

20

DIPLOMÁTICA

PUEDE HABLAR CON SINCERIDAD SIN TOMAR PARTIDO NI HERIR LOS SENTIMIENTOS DE LOS DEMÁS

Su personalidad es extrovertida, conversadora, con habilidad para negociar y con una sutileza casi milimétrica para hablar con sinceridad sin herir los sentimientos de nadie. Detecta el momento justo para intervenir y también sabe cuándo callar.

Tiene la capacidad de tender puentes entre personas en situaciones de conflicto, manteniendo el aplomo y la serenidad en su conducta. Emplea el diálogo como su máxima, la mediación y la conciliación.

La diplomacia es una actitud bonita que podría comprarse con la bisagra de una puerta. Engrana mediante la comunicación, a dos partes que necesitan acuerdos y llegar a buenos términos en sus relaciones. Amerita autocontrol, conocimiento y simpatía.

Conviértete en una mujer diplomática en cinco pasos

1. Escoge bien las palabras antes de hablar sin soltar todo lo que piensas.
2. Evalúa la situación que enfrentas. Sube a la balanza los pros y contras.
3. Adáptate al tipo de personas con las que te encuentras.
4. Ábrete a nuevas ideas, personas, experiencias, más allá de tus propias estructuras.
5. Sugiere cambios, sin imponer tus ideas.

21

DISCERNIENTE

Demuestra buen juicio y gusto

Posee esa virtud de saber distinguir entre el bien y el mal, entre lo conveniente y lo inconveniente, entre lo beneficioso y lo perjudicial, lo cual la lleva a tomar la mejor decisión en todos los ámbitos de su vida.

Es incapaz de emitir un juicio sobre algo sin medir las consecuencias de lo que dirá.

Es analítica, paciente y se toma el tiempo necesario para no apresurar decisiones. Mide el impacto de sus palabras y evoca un don espiritual al enfrentar circunstancias que lo ameriten.

Tiene buen criterio y se hace confiable ante los demás. En mujeres con espiritualidad desarrollada, el discernimiento se apoya en lecturas bíblicas o de tipo religiosas, cuya temática va orientada hacia elegir el bien y lo moral.

Desarrolla el atributo del discernimiento así

1. Ábrete a los estímulos con los cinco sentidos, no solo con la vista.
2. Actúa sin apuros ni presiones. Apártate a un lado del ruido.
3. Sigue tu instinto, pero equilibra con una buena porción de razón.
4. Despide las dudas de tu cabeza, solo te harán perder tiempo y enfoque.
5. Practica con situaciones ficticias y prepara tu mente para escenarios verdaderos.

22

DISCIPLINADA

No se distrae de sus hábitos de trabajo constantes que la conducen a su objetivo

Está consciente de que el éxito está en sus manos mediante el orden de sus actitudes. Es sistemática, equilibrada e inteligente en la distribución del tiempo según la cantidad de actividades que deba desarrollar.

Es un buen hábito de trabajo, de vida en general, donde no tienen cabida la queja ni las excusas. Difícilmente cae en tentaciones que la alejan de sus objetivos, ya que conoce las consecuencias de desajustar la planificación que ha elaborado. Claro está, siempre que dependa de ella.

La energía de la mujer disciplinada es casi siempre positiva y enfocada hacia sus objetivos. Las palabras 'orden' y 'compromiso' forman parte de su top cinco de favoritas. La inteligencia sin disciplina se desinfla como un globo con un huequito.

La disciplina como ruta del éxito en cinco claves

1. Haz uso eficiente de tu tiempo. Distribúyelo equilibradamente para incluir trabajo, recreación, familia, descanso y ocio.
2. Convierte la rutina algo divertido.
3. Actúa con razonamiento y enfoque. Adiós a los impulsos.
4. Sé paciente y espera los cambios. Llegarán más temprano que tarde.
5. Atrae a nuevas personas, socios y aliados con atributos similares de método de trabajo.

23

EDUCADA

Persona de mente abierta que da la bienvenida a nuevos conocimientos

Mantiene una mente abierta a los cambios y busca nuevos conocimientos; sabe comportarse en situaciones diversas, así sean desagradables, y preserva su compostura sin perder el control.

Conoce normas y las aplica, posee información valiosa y procura enriquecerse con más. Posee más que una educación formal, de esa que se obtiene en las aulas de clase. La mujer educada está hecha de forma integral para la vida.

Demuestra que lo es con acciones cotidianas como ceder el paso a una persona de avanzada edad, saludar antes de pedir algo, dar los 'buenos días' aunque sea a desconocidos, hablar en un tono de voz moderado, comer con buenas formas, evitar los improperios al conversar, no interrumpir el trabajo de otros, entre otras costumbres más.

Cinco ejemplos de cómo ser educada

1. Cuando hables con alguien, míralo a los ojos y llámalo por su nombre.
2. Cuida tu lenguaje corporal. Puede decir más que tus palabras.
3. Mantén la calma en situaciones estresantes. Empieza la práctica en casa.
4. Trata a los demás como te gustaría ser tratada.
5. Ejercita la mente observando características de buena y mala educación de quienes te rodean. Asume las que mejor te parezcan.

24

EFERVESCENTE

Tiene una personalidad vivaz y parece que lo consigue todo con gran facilidad

Tal como si se tratara de la mejor botella de champagne, la mujer efervescente tiene un espíritu burbujeante, agitado y a punto de estallar en ideas, emociones y acciones, cuando se le destapa.

Puede llegar a ser bulliciosa, llamativa y alegre, de una personalidad vivaz que se hace sentir dondequiera que llega. Es enérgica y apasionada. Y cuando sabe que su forma de ser funciona, entonces perfecciona técnicas y se hace experta en conseguir lo que quiere cada vez con mayor facilidad.

Es capaz de pensar rápidamente y genera soluciones con gran habilidad. Si se encuentra en una fiesta o reunión, suele ser el centro de atención.

Toma en cuenta estas cinco recomendaciones para no pasar de efervescente a pesada

1. La prudencia es la gran virtud. Puedes ser alegre y entusiasta, pero jamás indiscreta.
2. Aprende a callar cuando lo amerite la ocasión. El escándalo te puede hacer pasar por una persona pesada.
3. Administra bien tu energía. Podrías agotarte de tu cotidianidad tan agitada.
4. El autoconocimiento te facilitará el manejo vigoroso de tus días.
5. Piensa antes de hablar o decidir. La impulsividad no es buena consejera.

25

EMPÁTICA

Sabe cómo se sienten los demás en una situación y actúa en consecuencia

Es sumamente sensible a las emociones de otras personas, siendo capaz de ponerse en sus zapatos para entender hasta dónde llega su sentir. Empatía significa ponerse cerca, lo más cerca posible del corazón de quien la necesita, bien sea familia, amigos, compañeros de trabajo o vecinos de comunidad.

La mujer empática sabe escuchar sin juzgar, es compasiva, presta atención, se desliga de prejuicios y respeta los puntos de vista, aunque no los comparta. Es una cualidad que se desarrolla y se perfecciona con el tiempo y con la experiencia.

Es influida por las emociones de otros, para bien o para mal. Puede absorber actitudes positivas y negativas también, emulándolas casi sin darse cuenta.

Explora cinco formas de ser más empática

1. Equilibra tus emociones para ofrecer lo mejor que llevas por dentro.
2. Comprende a los demás antes de emitir un juicio de valor.
3. Aplica la intuición para detectar qué le pasa a otra persona.
4. Ofrece desinteresadamente tu hombro para llorar o tus brazos para abrazar.
5. Interpreta la comunicación no verbal y percibe un mensaje más integral.

26

EMPODERADA

HABLA CON CONFIANZA POR SÍ MISMA Y POR LOS DEMÁS CUANDO ES NECESARIO

Toma el control de sus fortalezas, habilidades y talentos, los usa para su beneficio y para impactar positivamente en el ámbito social en el cual se desenvuelve. Se encamina a alcanzar sus objetivos con determinación, enfoque y con el poder de saberse capaz de todo aquello que se propone.

Al no estar en conflicto con la vida no critica, más bien ayuda a otras mujeres. Entiende que no tiene competencia sino compañeras de camino, ya que su forma de hacer las cosas es única y particular.

Tiene mucho para compartir, desde una palabra de aliento hasta sus propios conocimientos, sin complejos. Es de personalidad suave, no grita. Sabe que más gana sumando personas valiosas a su entorno que desvinculándose por miedo a perder lo propio.

Potencia cinco actitudes propias de una mujer empoderada

1. Tienes el poder de decidir sobre tu destino y de implementar todas las buenas acciones que te lleven a tus objetivos.
2. Considera aliadas al resto de las mujeres de tu entorno y si existe alguna que te quiere dañar, aléjate sin rencor.
3. Eres la líder de tu vida y nadie más puede tomar el lugar que te corresponde en la ruta hacia tus sueños.
4. Muéstrate conforme con tu cuerpo y tu apariencia personal.
5. Acepta los cambios que la vida te propone. Dales la bienvenida con una sonrisa y con ganas de aprender.

27

ENIGMÁTICA

Tiene un aire misterioso que te deja con ganas de saber más

Suele dejar una estela de pensamientos por descifrar. Es misteriosa, actúa en claves y sabe hasta dónde hablar para dejar ganas de saber más en el otro. La transparencia y la entera franqueza no son sus fuertes, prefiere generar sensaciones de insatisfacción y sana inconformidad.

Con su actitud, se asegura de que la vuelvan a llamar. Se hace encantadora para aquellos que no se conforman con lo que muestra, así que genera un aura de misterio como gancho para alcanzar sus objetivos.

No tiene necesidad de contarlo todo, por lo que la prudencia y la contención son atributos de su personalidad. Estudia a su presa (en el buen sentido de la palabra), es decir, a sus audiencias, y sabe hasta dónde hablar y en qué momento callar.

Cinco formas de ser enigmática

1. Hablar inteligentemente implica saber qué decir y en qué momento hacerlo.
2. Trata de pensar siempre de forma creativa, no sigas a las masas.
3. Evita conversaciones aburridas o vacías.
4. Cuida mostrar en exceso tu ubicación, gustos o eventos sociales. Mientras más discreta, mejor.
5. Selecciona bien tus amistades. Es mejor tener pocos pero confiables.

28

ENTUSIASTA

Despliega energía, entusiasmo e interés por emprender y hacer nuevas cosas

Recorre los caminos de la vida con buena actitud, por lo general con una sonrisa, respuestas positivas y hasta buen humor. Encuentra siempre el lado bueno de las cosas y permanece motivada a lograr más de lo que tiene.

La mujer entusiasta desempeña sus tareas de forma agradable, procura el buen ambiente y, sin querer queriendo, contagia de buena energía a quienes se encuentran a su alrededor.

Se muestra interesada por hacer cosas nuevas y emprender proyectos. También le gusta lo novedoso e incorpora nuevas experiencias a su vida cotidiana así sea con pequeñas acciones como probar un nuevo peinado, combinación de ropa o ruta hacia el trabajo para cambiar de paisaje.

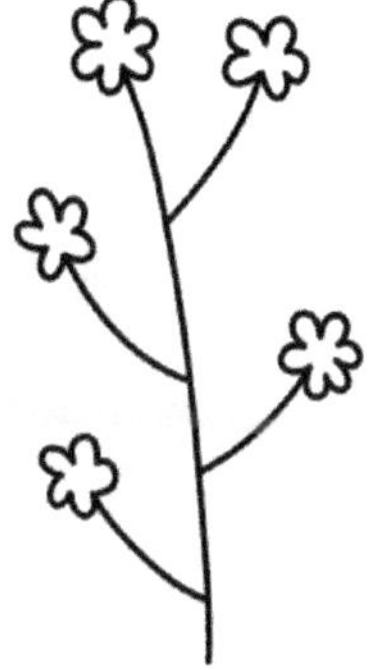

Renueva tu entusiasmo cada día siguiendo los siguientes consejos

1. Detecta aquellas situaciones que te hacen bajar el ánimo y búscale una solución. Por ejemplo, cuando veo a mi jefe enojado, pienso en un paseo al mar.
2. Dile a tu mente que piense en positivo. Sustituye el "me rindo" por "puedo intentarlo una vez más".
3. Establece metas y traza una ruta para alcanzarlas.
4. Aléjate de los lamentos por lo que te sucede. Toma el control de tus acciones e incorpora pequeños cambios.
5. Rodéate de gente entusiasta que te ayuden a mejorar tu propio estado de ánimo.

29

FIRME

Se mantiene firme y fuerte ante la adversidad

Actúa sin vacilaciones ya que sabe lo que quiere y cómo lo quiere, sin titubeos ni muchas dudas. Es difícil que otras personas puedan ser influencia cuando una decisión está tomada, ya que posee la cualidad de tener un espíritu templado y seguro del paso que da.

Va con la verdad por delante, aunque en ocasiones pueda causar incomodidad. Además, mantiene la entereza frente a situaciones difíciles sirviendo de soporte para otras personas con menos habilidad para sostenerse.

Mantiene su integridad en lo privado y en lo público, reconoce cuándo se ha equivocado y no teme pedir perdón. Se levanta si se cae, y es valiente en casi todo momento. Gritar, imponer y regañar no tienen nada que ver con un carácter firme.

Ser más firme para un mundo mejor

1. Enseña a tus hijos a no doblegar sus principios. Aunque la tentación sea grande, valen más los valores.
2. Trata con dignidad y respeto a los demás. Exige para ti, el mismo trato.
3. Si alguien reacciona mal ante tu firmeza, es asunto del otro y no tuyo.
4. Aprende a decir 'no' cuando es necesario. Decir 'si' a todos a veces no es saludable.
5. Evita la culpa. Tu firmeza va acompañada de convicciones y eso hará más peso.

30

GENEROSA

Se siente más feliz ayudando a los demás que ayudándose a sí misma

Comparte lo que tiene y lo que sabe con aquellos que más lo necesitan, sin esperar nada a cambio ya que su satisfacción está en dar y no en la recompensa que pudiera recibir de ello. Le produce felicidad ayudar y donarse en tiempo, conocimientos y hasta dinero, si lo amerita la ocasión.

Es un hábito deseable para toda sociedad, ya que representa la acción del bien común.

La mujer generosa es quien entrega algo que es importante para la otra persona. Por ejemplo, el tiempo de acompañamiento, la atención para escuchar un problema, dinero para cubrir alguna necesidad, un plato de comida para alguien hambriento, entre otros más.

La generosidad como atributo se demuestra al entregar algo bueno pero que sirve más a otra persona.

Practica estas cinco formas de generosidad:

1. Entregar lo que te sobra no es dar amor, sino dar limosna. El secreto está en desprenderte sin dolor de algo valioso.
2. Escucha con atención a los abuelos de tu familia. Casi nadie se detiene con interés por quienes llevan cabellos blancos sobre su cabeza.
3. Acércate a una iglesia, fundación o voluntariado y ofrece tus conocimientos, asesoría o dinero para contribuir en causas nobles.
4. Cuida la naturaleza que te rodea. Las palabras convencen, pero el ejemplo arrastra.
5. Da la bienvenida a la paz interior, ya que sabiendo que hay más en dar que en recibir.

31

HÁBIL

HA DESARROLLADO UNA SERIE DE HABILIDADES Y TALENTOS QUE LA AYUDAN TANTO EN LA VIDA COTIDIANA COMO EN SITUACIONES MÁS DIFÍCILES

Posee destrezas para desenvolverse bien ante circunstancias de su vida cotidiana, así como frente a dificultades que la pongan en riesgo. La mujer hábil puede serlo física o mentalmente. En el primer caso, poseer cualidades para movimientos rápidos, correr, saltar, agacharse, entre otros; mientras que el segundo, pensar rápido, poder sumar o restar, analizar, traer un recuerdo a la memoria, y más.

Las habilidades son capacidades. Y, además, se perfeccionan con la práctica. Por ejemplo, si es hábil para jugar ajedrez, puede hacerse experta estudiando, jugando una y otra vez, incluso viendo a otros mejores y más desarrollados.

Es imposible poseer todas las destrezas posibles, pero sí lo es la oportunidad de desarrollar las que se tienen una vez se han identificado.

Desarrolla tus habilidades con cinco recomendaciones

1. Practica trabajos manuales que mejoren tu motricidad fina. Amasa, amuña, recorta, colorea, enhebra una aguja.
2. Mantén una actitud positiva siempre. Tener la mente dispuesta, te abrirá a nuevos conocimientos.
3. Adáptate a los cambios. La rigidez te llevará por un camino siempre recto y en tonos grises.
4. Identifica eso en lo que eres buena y te gusta, y desarróllalo.
5. Escribe lo que aprendes, así sea en frases cortas en agendas, pizarras o en un block de notas digital.

32

INGENIOSA

Tiene soluciones inteligentes a los problemas basadas en su ingenio

Procura siempre buscar soluciones o salidas inteligentes a los problemas, haciendo uso de su capacidad de crear nuevos escenarios de forma dinámica y acertada. Piensa rápidamente y va un paso delante de la postura de otras personas.

Ingeniosa es sinónimo de habilidosa, diestra, inventiva, audaz. Pero también se relaciona a chistosa, graciosa y ocurrente. En ambos sentidos, es posible deducir a una mujer con una chispa encendida siempre en su cerebro para inventar lo que aún otros no han pensado.

Sus características de pensamiento rápido, creatividad y astucia, no le vienen por casualidad. Son, sin esperar menos, resultados de los propios conocimientos que tiene sobre su oficio o profesión.

Cultiva el ingenio con estos cinco consejos

1. Evita tomarte todo tan en serio. Dale un respiro a tu mente y sácala de la caja cuadrada donde a veces la guardas.
2. Inspírate en otros genios, esas personas de tu propio entorno a quienes quisieras imitar por su forma de ser.
3. Afina tu sentido de la observación. En los pequeños detalles se esconde la clave a grandes soluciones.
4. Cuida la cantidad de cosas que investigas y lees. No le facilites tanto las cosas a tu cerebro, ya que se acostumbrará a copiar y no a crear.
5. Mantén el buen humor. Ríe a carcajadas, dale espacio a lo tonto con libertad. Deja que tu niña interior salga de vez en cuando a pasear.

33

INNOVADORA

Aplica nuevas ideas a problemas existentes para encontrar soluciones creativas

Va por la vida inventando nuevas maneras de hacer las cosas, con un espíritu creador y entusiasta. Ama el reto de diferenciarse siempre, lo que la hace sobresalir del común denominador de la sociedad en la que se desenvuelve.

Si no llega a crear algo nuevo, consigue la vía para cambiar lo que ya existe. Lo altera, lo cambia, lo modifica. Y logra un mejor uso o aplicación. Va un paso delante del resto y lleva ventaja, sin duda, a la hora de presentarse como elección para un trabajo que requiera su talento.

Aplica nuevas ideas a situaciones de conflicto para generar soluciones creativas, lo cual le genera pasión y energía. Por lo general está motivada y busca inspirarse en personas de carácter similar.

Despierta tu espíritu innovador con estas cinco acciones

1. Proponer ideas diferentes en tu entorno de trabajo y divertirte haciéndolo.
2. Generar cambios sin temor a equivocarte o a ser señalada.
3. Salir del estereotipo y atreverse a ver la vida desde un ángulo menos convencional.
4. Mantenerse al día con los avances tecnológicos, las tendencias de moda, literatura y novedades del mundo actual.
5. No copiar, solo inspirarse en aquellas personas que despiertan lo mejor de ti.

34

INSPIRADORA

ACTÚA DE FORMA QUE ANIMA A LOS DEMÁS A PARECERSE MÁS A ELLA

Sus acciones llaman la atención por los resultados que obtiene, por la actitud que imprime en cada cosa que hace y por el poder sobre otras personas de invitarlas, sin decirlo, a intentar lo mismo que ella o a mejorarlo.

Es ese tipo de mujer que convence con el ejemplo, sin necesidad de usar tantas palabras. Demuestra coherencia entre lo que predica y lo que practica. Además, desarrolla un liderazgo natural sobre su entorno cercano, cuyas personas se mantienen por la motivación de parecerse a ella.

Inspirar también significa innovar, abrirse a nuevos proyectos, generar ideas y reconocer los errores cometidos, porque en ellos consigue aprendizaje y aumentar su experiencia.

Cinco formas de ser más inspiradora

1. Ayuda a otras a conseguir su propia grandeza. Comparte tus conocimientos, revela trucos y allana el camino según lo que ya has vivido.
2. Lidera tus propios cambios. Toma el mando y decide cuándo y cómo cambiarán las cosas.
3. Los cambios pequeños les darán paso a otros más grandes. Ve paso a paso, no poco a poco.
4. Asume rasgos de aquellos que te sirvieron de inspiración. Podrían ir cayendo como cascada hacia nuevas generaciones.
5. Conserva una actitud positiva en todo lo que te propongas. El buen ánimo llama la atención y es conducta que se imita.

35

ÍNTEGRA

Siempre hace lo correcto, de entereza física, mental y espiritual

Hace lo correcto siempre y sabe diferenciar cuándo puede decir que sí y cuándo debe decir que no. La mujer íntegra está hecha de una sola pieza, no tiene puntos ciegos ni áreas oscuras. Hace el bien para sí misma y para los demás, ya que acumula una serie de valores que la hacen actuar de la manera esperada.

En sus ámbitos laboral, social, familiar y personal se comporta de la misma manera. Anteponiendo la honestidad como valor principal lo que la hace confiable y digna de asumir importantes responsabilidades.

Conoce a profundidad su valor como ser humano y lo hace respetar, así que cuida su integridad moral, física y sicológica al no permitir tratos crueles ni violentos. Asimismo, proporciona el mismo trato considerado a sus semejantes.

Fomenta la integridad como valor común

1. Reconoce el derecho de los demás, los respeta y defiende.
2. Mantén una postura imparcial ante las decisiones de los demás, sin cuestionarlas ni tratar de cambiarlas.
3. Sé siempre puntual en la entrega de asignaciones encomendadas y en citas con otras personas.
4. Sé congruente entre lo que haces y lo que exiges.
5. Demuestra firmeza en las decisiones que tomas. Cree en tus principios y convicciones.

36

INTUITIVA

Equilibra su intuición con la experiencia para tomar una decisión acertada

Es aquella capaz de escuchar su voz interior y prestarle suficiente atención como para tomar decisiones acertadas. La intuición va más ligada a la emoción que a la razón, pero alcanza un peso igual de importante cuando se le presta la debida atención.

La mujer intuitiva sabe que lo es. Por eso, cultiva ese sentido extra que le indica cuándo es buen o mal momento para dar un paso. Hay quienes le llaman sexto sentido. Es una facultad que se cultiva y que necesita de silencio y concentración para afinarla.

Interpretar las reacciones del cuerpo ante determinada situación, también forma parte de la intuición. Por ejemplo, si algo te produce escalofríos, te genera una energía extraña en la piel o experimentas sensaciones extrañas, son señales de que algo no anda en orden. Escucha las señales.

Cultiva la intuición con estos cinco principios activos

1. Dedica un rato al día a la meditación o a la introspección.
2. Sé capaz de predecir cómo se sienten otras personas sin que te lo digan.
3. Descubre comodidad al explorar cómo te sientes.
4. Haz cosas de forma espontánea sin adherirte a la rutina.
5. Da peso a los sentimientos al tomar decisiones.

37

JUSTA

Conserva una conducta imparcial ante determinada situación, de la cual evalúa los pros y contras antes de tomar alguna decisión.

Su veredicto se inclinará por aquel que no haga daño a ninguna de las partes involucradas, más sí procure su beneficio.

Se caracteriza por decir siempre la verdad, actuar honestamente y sin aprovecharse de nadie, aunque vea abierto el camino de la ventaja. La justicia no es una virtud muy común en el mundo de hoy, por eso quienes la poseen, son valoradas y altamente apreciadas.

Dispensa un trato acorde con lo sucedido, sin importar que se trate de sus hijos, pareja, padres o amigos. La justicia garantiza que habrá aprendizaje, aunque no parezca del todo agradable.

Cinco formas de ser justa

1. Ábrete a la escucha sin juzgar y da un trato a cada quien según lo que le corresponde.
2. Procura el bien colectivo por encima de todo, manteniendo un comportamiento conciliador y explicativo.
3. Establece reglas en tu entorno y asegúrate de que sean entendidas.
4. Predica con el ejemplo. Si pides justicia, debes ser la primera en proporcionarla.
5. Trata a los demás como quieres que te traten.

38

MAGNÉTICA

ATRAE A LA GENTE HACIA ELLA COMO SI FUERA IMPULSADA POR UN IMÁN

Tiene la maravillosa facultad de atraer cual imán a las otras personas, gracias al uso de sus encantos y cualidades. Es tan agradable estar cerca, que se produce una suerte de energía de atracción que la convierten en un ser cautivador.

Es aquella que demuestra amabilidad, educación, empatía e interés por quienes le rodean, de forma sincera y con buenas intenciones. Su mente está siempre ávida de conocimientos, con ganas de conectar, crecer y adoptar nuevas formas de hacer las cosas.

En el campo de las ventas, la mujer magnética busca clientes para ofrecer lo que tiene y también para crear lazos duraderos en el tiempo. Vive de emociones intensas, atractivas para los demás y con alta sensibilidad.

Dale fuerza a tu magnetismo con estos cinco consejos

1. Jamás des algo por hecho. Si te precipitas, puedes cometer duros errores.
2. Si te piden un consejo, no generalices. "Todos los hombres son..."
3. Acostúmbrate a emplear un lenguaje conciliador. Se gana más con una gota de miel.
4. Elimina por completo el sarcasmo. La falsa simpatía que encierra la broma pesada no es más que una desagradable muestra de inseguridad en ti misma.
5. Encuentra un equilibrio entre tener los pies en la tierra y el corazón en el cielo.

39

MOTIVADA

Tiene una razón aplicable para perseguir sus objetivos

La mujer motivada no es la que tiene ánimo, es la que tiene motivos. Sí, es la que encuentra en los aciertos de los demás el empuje para cumplir los propios, incluso imitándolos. El principio aplica también para los errores, para fijarse y no repetirlos. Se trata de encontrar "la causa del movimiento" y avanzar hacia ello.

Demuestra sentirse bien con lo que hace y se nota en el comportamiento durante el proceso; sonríe, se muestra satisfecha, contagia buena energía y celebra con humildad cuando ha conseguido lo que quiere.

Existe la motivación intrínseca, esa que viene desde el interior de la persona y que resulta suficiente para avanzar hacia la meta. Pero también está la motivación extrínseca, que viene de estímulos de afuera, generalmente de otras personas que ya han recorrido el camino que se desea transitar.

Cinco secretos para mantener a flote la motivación

1. Esclarece tus objetivos y afianza cada acción hacia la meta.
2. Confía en ti misma; perdónate los errores cometidos y sigue adelante.
3. Vive el presente intensamente, pero con una mirada estratégica en el futuro.
4. Crea rutinas positivas que al cabo de 21 días serán hábitos prácticamente inquebrantables
5. Planifica tus días con anticipación con aspectos positivos en cada tarea a cumplir.

40

OBSERVADORA

SE DA CUENTA DE DETALLES PEQUEÑOS PERO IMPORTANTES QUE OTROS PUEDEN HABER PASADO POR ALTO

Sabe que Dios la dotó de dos ojos para mirar bien de cerca la vida. Pero también es capaz de percibir detalles con los sentidos del oído, el gusto, el olfato y el tacto. Es integral en su forma de recibir los estímulos de su alrededor, siendo competente en captar aquellas pequeñeces que otros pudieran pasar inadvertidas.

Presta atención sin apurarse a pasar de una tarea a la otra, lo que le hace reducir el riesgo de tomar decisiones equivocadas o cometer errores. Logra adquirir conocimientos de una manera más completa, ya que disminuye la velocidad aparente con la que pasa la vida frente a sus ojos.

La mujer observadora lleva ventaja sobre otras que se apresuran en su andar. Está atenta a lo realmente importante y sabe que en lo pequeño se guardan grandes secretos.

Afina tu sentido de la observación siguiendo las siguientes recomendaciones

1. Tómate el tiempo necesario para detectar detalles de situaciones, personas o cosas que suceden cerca de ti.
2. Aprende la diferencia entre ver y observar. Ver es mirar las cosas sin mucho interés, mientras que observar es buscar sentido y utilidad.
3. Intenta memorizar detalles diferentes de la ruta que tomas todos los días.
4. Busca un propósito en todo aquello que tienes a tu alrededor. Practicar en lo cotidiano te hará experta para ser mejor observadora en todos los aspectos.
5. Deshazte de juicios y percepciones, así no distorsionarás aquello que observas.

41

PERSPICAZ

ES PERSPICAZ Y CAPAZ DE VER LAS DECISIONES CON CLARIDAD

Cuenta con una agudeza en los cinco sentidos que le permite comprender, detectar e interpretar asuntos que otros, en la rapidez de la cotidianidad, no son capaces. Es sagaz y apta para darse cuenta de detalles importantes de las situaciones poco trascendentales.

La mujer perspicaz parece que anduviera siempre olfateando el lugar de la oportunidad o del momento indicado para aportar una idea ganadora. Es intuitiva, prudente y experimentada, atributos que le confieren el conocimiento sobre alguna materia.

Parece que en ocasiones tuviera la facultad de leer la mente de otras personas, ya que con solo ver gestos o interpretar una que otra palabra, puede descifrar un mensaje dicho en claves, de forma confusa o incompleto. Además, es experta en diferenciar lo que es conveniente compartir en público y lo que debe tratarse en privado.

Las cinco formas de ser una mujer más perspicaz

1. Afina los sentidos de observación y escucha.
2. Piensa rápido. Ve un paso más adelante del común de las mujeres.
3. Ábrete a percibir más allá de lo obvio.
4. Aprende cuándo callar y cuándo hablar.
1. Procura siempre añadir valor a tu entorno.

42

PREVISIVA

PREVÉ LO QUE NECESITAN LOS DEMÁS Y ACTÚA ANTES DE QUE SE LO PIDAN

Se anticipa a situaciones y se adelanta a presentar soluciones. Sabe que de esta cualidad se deriva un mejor uso del tiempo, ya que se actúa con prontitud ante posibles enredos e inconvenientes.

Aunque su presente esté perfectamente ordenado, tiene la habilidad de mirar hacia el futuro inmediato y lejano con ojos calculadores y mente astuta. Sus planes pueden estar bien esquematizados, pero circunstancias externas podrían cambiarlos ameritando algunos ajustes.

La hispana previsiva va más allá de lo aparente, le gana al tiempo y a los cambios que no dependen de ella. Maneja siempre un plan B y C sobre las actividades que desempeña, sean estas del trabajo o simplemente de la vida cotidiana.

Sé previsiva en cinco sencillos pasos

1. Adquiere servicios esenciales que impactarán en tu familia, como un seguro médico.
2. Si tienes hijos, anticipa situaciones como caídas, hambre, líquidos derramados y quebrantos de salud, y lleva lo necesario para atender rápidamente.
3. La semana comienza el domingo y no el lunes. La planificación de tareas es lo más recomendado.
4. Actúa con diligencia adelantando siempre un poco de trabajo, previendo algún contratiempo familiar.
5. Disponer de tiempo extra, te dará mayor libertad para tomar decisiones.

43

RECURSIVA

UTILIZA LO QUE TIENE A SU ALCANCE PARA RESOLVER LOS PROBLEMAS

Es descomplicada a la hora de enfrentar situaciones que solucionar. No se hace enredos mentales y echa mano de los recursos que tiene disponibles al alcance de su mano para resolver una tarea. Evita la pérdida de tiempo pensado en aquello que podría tener, usando lo que ya tiene.

Se caracteriza por ser una mujer crítica, de ojo analítico y práctica. Consigue siempre una salida a las trampas emocionales que pueden terminar en perder el objetivo a mitad de camino. Tiene la habilidad de repetir su hábil conducta en su cotidianidad.

Está dispuesta al cambio y, aunque le genere un poco de temor y expectativa, se muestra abierta a nuevas experiencias, aprendizaje y conocimientos que sumen a sus recursos de vida.

Cinco aspectos para implementar mejor la recursividad

1. Evita excusas para justificar alguna asignación incumplida.
2. Asume las consecuencias de tus acciones.
3. Se capaz de generar cambios ante situaciones inesperadas manteniendo el buen humor.
4. Haz lo mejor con lo que tengas a la mano.
5. La paciencia todo lo alcanza. Ten consciencia de necesariamente esperar si algo no se da en el momento.

44

RESPETUOSA

Respeta las diferencias sociales, individuales, económicas, culturales, lingüísticas y religiosas

Hace el mejor esfuerzo en ser considerada por los sentimientos y situaciones de los demás, evitando juicios y opiniones personales. Sabe callar cuando no es necesaria su intervención, y hacerlo sin herir a nadie.

Valora las opiniones, los valores y posturas de otras personas sin intentar cambiarlos. Se hace empática sin llegar a invadir el metro cuadrado imaginario de nadie; es decir, conoce sus límites. Trata como le gustaría ser tratada, y en esa medida, sabe hasta dónde pueden llegar sus palabras y acciones.

La mujer respetuosa acata las normas al pie de la letra. Por ello no se salta una señal de 'pare' en la vía, no se cuela de primera en una fila, es cortés al saludar y despedirse, y hasta procura una conducta ecológica por respeto al ambiente.

Cinco prácticas respetuosas para la vida cotidiana

1. Diseña en tu mente algunas respuestas claves para temas de religión o política, así evitarás caer en polémicas que al final te llevan a un callejón sin salida.
2. Cuidado con discriminar a alguien por el color de su piel, el acento al hablar, forma de vestir o inclinación sexual. Mirar feo es también una forma de irrespeto.
3. En la convivencia en casa hay una gran oportunidad para el respeto de los espacios. Cada quien acomoda su cuarto a su manera y eso está bien.
4. Los espacios públicos merecen un trato considerado. Recoge la basura a tu paso, así no sea tuya.
5. Pedir permiso antes de tomar algo, emitir una opinión o entrar a un lugar, dice mucho de tu virtud de persona respetuosa.

45

RESUELTA

No cambia de opinión cuando se ha propuesto un objetivo

Actúa con prontitud y decisión. En su vida cotidiana es ágil para sus acciones, consigue soluciones rápidas y piensa acertadamente. Conoce hacia dónde caminar para llegar a su objetivo y no se distrae fácilmente.

La mujer resuelta es confiable, ya que es posible contar con su diligencia para desempeñar tareas. Y en caso de no saber cómo hacerlo, su ímpetu para resolver la llevará a buscar la forma para lograrlo.

También se caracteriza por ser práctica. Es decir, no se distrae en agregados, sino que va al grano. Se enfoca en las soluciones más que en el propio problema, así que su habilidad puede ser altamente demandada para buenos empleos.

Desarrolla tu espíritu resolutivo en cinco clips

1. Responde rápidamente a una solicitud de emergencia.
2. Despójate de la indiferencia. Si tienes la oportunidad de aportar, hazlo.
3. Trabaja en equipo para conseguir soluciones efectivas.
4. Busca alternativas. No te encasilles en una sola forma de hacer las cosas.
5. Toma decisiones acertadas sin divagar de un lado a otro.

46

SALUDABLE

Mantiene el equilibrio físico y mental para llevar una vida armónica y feliz

Conjuga en una misma vida sanidad en todos sus ámbitos esenciales: cuerpo, mente y espíritu. Procura mantenerse bien, con sus valores sanguíneos dentro de lo normal, con un monitoreo médico frecuente, practicando alguna actividad física y alimentándose lo mejor posible, sin descuidar su espiritualidad.

Estar sana forma parte de un todo. No se puede estar sana de cuerpo, sin estarlo de la mente.

Este atributo de la mujer se manifiesta cuando mantiene bien cuidada su salud y nutre su estado de ánimo rodeándose de gente agradable, que le haga crecer y donde se sienta en confianza para liberar tensiones.

La persona sana sonríe y se le nota tranquila. Sabe que se cuida y la seguridad estar bien, le hace feliz.

Mejora tus hábitos saludables en cinco acciones cotidianas

1. Aliméntate balanceado, sabroso y en porciones justas.
2. Practica algún ejercicio al aire libre.
3. Duerme lo suficiente hasta sentirte descansada.
4. Cumple con el esquema de inmunización por vacunas.
5. Equilibra el tiempo entre el trabajo, la recreación y el descanso.

47

SEGURA DE SÍ MISMA

SABE LO QUE VALE Y ACTÚA DE FORMA QUE LOS DEMÁS TAMBIÉN LO SABEN

Se siente a gusto con la combinación que surge de su forma de ser, valores, convicciones y objetivos. Sabe lo que quiere y hacia dónde va, así como sus fortalezas y debilidades, las cuales trabaja conscientemente para mejorarlas cada día.

Se respeta y asimismo lo hace con los demás. Mantiene un equilibrio entre lo que quiere y lo que necesita, así que tampoco es demasiado tímida ni muy estridente. La mujer segura de sí misma hace poco caso a las opiniones de los demás y no se arregla o actúa buscando aprobación en otros.

Proyecta seguridad y confianza, no así altivez ni prepotencia. Tiene la humildad suficiente para saber hasta dónde es capaz de llegar y en qué momento retirarse. Posee ventaja de contar con un puente que enlaza el querer y el lograr.

Fortalece tu seguridad con estos cinco hábitos

1. Ejercita tu poder de decisión. Sé firma hasta con el sabor del helado que vas a comprar.
2. No menosprecies tu potencial. Crees que podrás es el primer paso para alcanzar.
3. Sé realista con la vida que tienes, así conocerás tus limitaciones.
4. Dile adiós al miedo a fracasar. Vivir con temor acaba con tu confianza.
5. Mantén una posición erguida, con la cara en alto y mirada en los ojos de quien te habla.

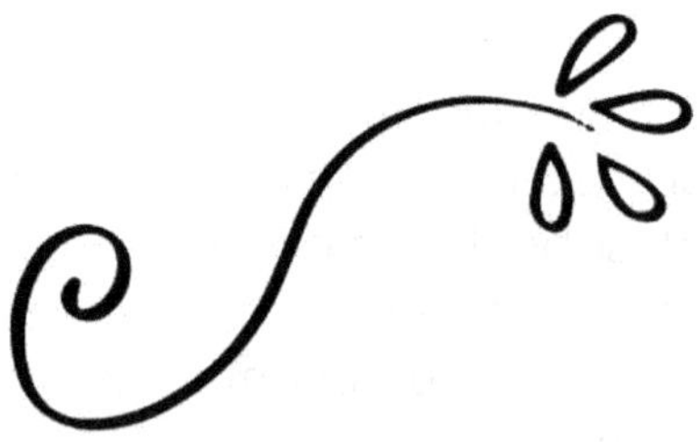

48

SERENA

Sabe mantener la serenidad pase lo que pase. No pierden el control de sus emociones

Tiene la capacidad de mantener la calma en medio de un mundo lleno de ruido, sin alterar sus emociones ni permitir alteraciones de su estado de ánimo. Sabe dominar el estrés y, aunque no es inmune, posee herramientas que le ayudan a manejarlo sin que llegue a ser nocivo para su salud.

Cuando siente que la línea horizontal que marca su tranquilidad está variando, recurre a recursos de calma como música, ejercicios de respiración, yoga, meditación, oración, contacto con la naturaleza y silencio, para volver a su centro.

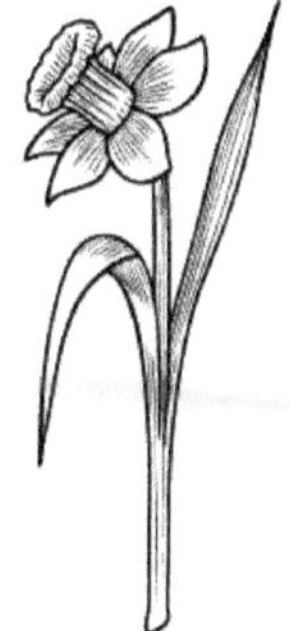

La mujer serena es capaz de transmitir sensaciones de calma. Le buscan por la paz que irradia y el equilibrio que logra de sí misma.

Cinco formas de ser una mujer serena

1. Reacciona con tranquilidad ante situaciones inesperadas.
2. Evita desesperarte, gritar o correr, ya que sabes que todo podría empeorar.
3. Antepón el pensamiento racional al emocional.
4. Usa un tono de voz adecuado, aunque te provoque gritar.
5. Demuestra temple frente a tu equipo de trabajo.

49

SINCERA

Utiliza la evidencia y la experiencia en su esfuerzo por dar respuestas honestas

Actúa mediante el uso de la verdad y la evidencia, enarbolando como principio de vida la honestidad, la transparencia y la justicia. Fingir o mentir no van con ella, mucho menos la doble cara o la hipocresía.

No teme ser señalada por hablar con la verdad, pese a que pueda resultar incómoda o desencaje con el entorno social donde se encuentra. Prefiere decir la verdad con misericordia, que mentir por aparentar.

Es reconocida y admirada por mantenerse firme en su posición, sin engaños y por hablar sin dobles intenciones. No busca perjudicar a nadie. Es un valor que se aprende en el núcleo familiar, generalmente desde la niñez.

La sinceridad desde cinco puntos de desarrollo

1. Decir la verdad a veces puede herir a las personas. Asegúrate de pasar suave por el corazón de los demás.
2. La empatía es hacerte parte de la situación del otro. Se empática con la verdad que te asiste.
3. Muestra respeto así sepas que tienes la razón.
4. Se sincera contigo misma y darás entrada a la paz y la estabilidad en tu vida.
5. Mantén congruencia entre lo que predicas y lo que practicas. Nada es mejor que demostrar con hechos el valor que te cfaracteriza.

50

TENAZ

Asume los riesgos y las oportunidades cuando intenta alcanzar sus objetivos

Si un camino se le cierra, busca otro. Si se cae el puente, atraviesa el río. Si ponen llave a la puerta, salta por la ventana. Si falla el plan a, opta por el plan b. En fin, la mujer tenaz difícilmente acepta un 'no' como respuesta e insiste hasta conseguir lo que necesita.

Puede resultar agotadora, pero al final obtiene su recompensa. Es persistente cuando se le ha metido una idea en la cabeza, así que hace gala de todas sus habilidades para conseguirla.

Su comportamiento va aderezado por la pasión y la constancia, pero es flexible si aquello que se propone es realmente imposible. Sabe que ser tenaz no significa ser terca.

Cinco rasgos para mejorar tu tenacidad

1. Invierte el tiempo que sea necesario en descubrir la solución de algún problema.
2. No te conformes ante el primer rechazo a una solicitud.
3. Acepta las fallas como parte del proceso de aprendizaje.
4. Regular las distracciones.
5. Entiende los límites y hasta dónde puedes llegar con tu insistencia.

51

VALIENTE

LUCHA POR LO QUE CREE, CUESTE LO QUE CUESTE

El miedo no forma parte predominante en su vida, más bien sabe dominarlo cuando enfrenta situaciones de riesgo. Actúa siempre con valor y firmeza, mide los límites, pero se lanza al ruedo de la vida segura de su triunfo.

A pesar de tener frente a sus ojos momentos de peligro o amenazas, los afronta con gallardía haciendo el máximo esfuerzo para que todo salga bien. Así que comprueba por sí misma el "no se puede".

Conoce el poder de su mente y la pone a prueba para ejercitarla, desafiando con coraje el día a día. Es una mujer valiente la que salva diariamente a sus hijos de los peligros, la que seca sus lágrimas y sigue adelante, y también quien emigra sola a un país desconocido para mejorar la calidad de vida de sus seres queridos.

La valentía es un atributo que se desarrolla

1. Ten consciencia de que eres más grande que cualquier miedo.
2. Disfruta el proceso más que los resultados. Vive intensamente el momento.
3. Da todo sin reservas. En arriesgar está la emoción de luchar por tus ideales.
4. ¡Muévete! Ante una situación de riesgo, no te quedes paralizada.
5. Entiende que poner excusas es anticipar el fracaso.

ACERCA DE LA AUTORA

Fundadora y presidenta de Hispana Realizada®, Comunícate Pro, Latitudes Training, Coaching & Consulting y de Hispana Realizada Foundation, Marcela Arenas ha sido empresaria durante más de 35 años. Durante sus 31 años en los Estados Unidos, ha fundado cinco empresas de éxito, es coach, consultora y mentora empresarial y y de desarrollo personal, emprendedora social, reconocida conferenciante internacional, autora de varias publicaciones y presentadora del podcast Inspiración Hispana.

Es una experimentada empresaria cuyo primer pequeño negocio se registró a la edad de 20 años. Marcela está consagrada al crecimiento personal y empresarial y le apasiona ayudar a las hispanas inmigrantes a realizarse personal y profesionalmente para que alcancen su libertad financiera en los Estados Unidos. Personalmente está dedicada a crear recursos, plataformas, programas y seminarios presenciales y online innovadores para que las hispanas puedan crear el negocio y la vida que sueñan, todo dentro del ámbito de equilibrio, prosperidad y felicidad. Ella sabe qué significa empezar un negocio en tierras extranjeras, no saber cómo hacerlo, qué camino tomar y sentirse abrumada durante el proceso.

Nacida de su propia experiencia navegando por las complejidades y retos de ser inmigrante, fundó la comunidad Hispana Realizada® con el fin de ofrecer las herramientas, la motivación, los recursos y la inspiración para que las hispanas avancen en su carrera, inicien su propio negocio y prosperen en los Estados Unidos bajo el lema "juntas somos más fuertes".

Su podcast Inspiración Hispana es el único en español en los Estados Unidos que proporciona motivación, inspiración e ideas para crear una vida de realización e independencia para las hispanas que buscan alcanzar su pleno potencial en los Estados Unidos.

"Creo firmemente en el poder de la mujer hispana para crear un impacto en sus familias, en sus comunidades, las economías y como agentes de cambio, independientemente de su origen, sus condiciones personales, sociales o culturales. Nuestra misión es empoderar y capacitar a 1,000,000 de hispanas inmigrantes en todos los rincones de este país a través de Hispana Realizada® y de Hispana Realizada Foundation. Me siento muy orgullosa de sembrar un nuevo paradigma para las hispanas que realmente encarnan el espíritu de juntas somos más fuertes".

Marcela tiene una maestría en Administración de Empresas con concentración en marketing y un título en Comunicación Social. Además, cuenta con una extensa lista de certificaciones, entre ellas, Especialista en Estrategias de Blue Ocean, Entrenadora y Coach Profesional, Estratega Certificada de Marca Social, Especialista en Desarrollo de Marca Personal e Identidad Online, Traductora Certificada por la Asociación Americana de Traductores (ATA), e Instructora Internacional de Negocios para la Diversidad Cultural de London International House.

www.ingramcontent.com/pod-product-compliance
Lightning Source LLC
Chambersburg PA
CBHW071500070426
42452CB00041B/2032
9781734226133

CONTENIDO

HISPANA **WOW**

woman of worth

LOS 51 ATRIBUTOS QUE TE HARÁN UNA MUJER INIGUALABLE

GUÍA PRÁCTICA

MARCELA ARENAS

HISPANA WOW

Publicado por Hispana Realizada®

Sarasota, FL. Estados Unidos de América.

www.HispanaRealizada.com

Editora en Jefe: Marcela Arenas

Diseño: Pablo Herrera / Pieish.com

ISBN-13: 978-1-7342261-3-3
ISBN-10: 1-7342261-3-3

Categoría Crecimiento Personal / Autoayuda / Vida Práctica / Inspiración.

Category Personal Growth / Self-Help / Practical Living / Inspiration.